快樂解碼

何玉燕 著

快樂解碼
作者／何玉燕
總編輯／馬鎮梅
責任編輯／吳蔚芹　楊碧瑤
美術設計／許智超
插圖／何家輝
出版發行／突破出版社
香港沙田亞公角山路 33 號突破青年村
電話：2632 0000　傳真：2632 0388
電郵：breakthrough@breakthrough.org.hk
網址：http://www.breakthrough.org.hk
http://www.btproduct.com
承印／陽光印刷製本廠
2000 年 3 月初版 1 刷（優質教育基金贊助，非賣品）
2000 年 10 月 2 版 1 刷
2008 年 11 月 3 版 1 刷

Decoding Happiness
by Ho Yuk-Yin
First Printing, First Edition, March 2000
First Printing, Second Edition, October 2000
First Printing, Third Edition, November 2008

ISBN 978-962-8996-22-3

承蒙優質教育基金贊助本書之發展及研究經費

每一個
年輕人都應當
乘着夢想的
翅膀出航。

飛翔專號

編者引言

快樂需要「解碼」嗎？又不是歷史悠久的「摩斯密碼」，或是嶄新的「高清」數碼電視廣播，用不着「解碼」吧！看到本書的書名，或許你腦海中會生出這樣的疑問，但在給你解釋之前，請你細想一下，自己曾否試過以下的遭遇：

- 朋友或者家人把你惹怒了，你氣得七孔生煙，但過了一段時間後，竟然想不起自己當初為何會那麼惱怒；
- 一些尚未發生、但完全在你控制範圍以外的事情（例如明天的天氣）經常困擾着你，以致你心情恍惚，不能集中精神；
- 在某個很平常的日子，霎時間，你感到提不起勁，覺得很苦悶，卻又不知道為何會這麼苦悶……

很多時候，我們都以為可以完全掌控自己的情緒，但實情是，我們經常被情緒牽着走，情緒亂成一團，就像是密碼一般，怎麼解也解不開。

是的，情緒其實跟密碼有一點共通之處，假若沒有解碼的方法，情緒對你而言只是一堆全沒意思的符號；相反，假若懂得如何解碼，密碼可是承載着重要訊息的工具。期望你細閱這本解碼檔案，讓情緒重新成為你可以與它對話的朋友，透過情緒密碼了解自己，認識他人，與健康和諧的情緒共舞，成為一個開心快活人。

序

余德淳

你知道嗎？研究大腦的專家指出：每個人一生的學習能力，大約有百分之八十都在八歲前打下根基，有相當程度的發展。有人會問，要是在孩童時代，這種能力沒有給好好啓導發展，那麼到了八歲以後，還有「翻身」的機會嗎？答案是有的。我們還可以靠決心、毅力和有效的啓發，改善自己的條件。

情緒管理與學習能力關係密切，不容忽視。因為積極的情緒，可以幫助我們學習得更起勁；就是與人交往，也能愉快相處，建立良好的夥伴關係。你若善於把低落的情緒化為快樂的情緒，那麼你要改善學業或人際關係時，相信很快就會取得顯著的進步。

不過你要小心：你過往的經歷，已對你造成很多牽制。要是你有一個不幸的童年，如今情緒可能仍受到相當的影響，那麼就會較難掙脱惡劣的心情。又或許當你遇到不愉快的遭遇時，很快便會表現得缺乏耐性。這些反應也是你在童年時代已發展出來的。

你有想過重新學習管理好自己的情緒嗎？其中「截斷怒氣」是必修的科目，否則長期的忿怒會叫你失去理智，弄得身旁的人也害怕你。不少青少年與朋友交往時，最受不了對方在言談間對自己的批評。這種批評往往叫他們心裏充滿仇恨。原來對方用說話貶低你時，你的自尊心最易受打擊；也就是這個緣故，便與朋友絕交了。我曾見過一些共處多年的友好，在互相批評中惡言相向，不消一兩天便把自小培育的友誼摧毀了。你有這個經驗嗎？你說這是不是很可惜？

說到做個「快活有情人」，這是不是一個遙不可及的夢想？有人說人與人之間要靠「緣分」才可融洽相處。然而今日流行的 EQ（情緒智商）理論卻強調，良好的人際關係是一個學習過程。學習的內容包括培育「超級聽覺」。這是指當你與人交談時，能聽到對方的話裏蘊含的種種情緒，如抱怨、擔心等。其次，也要明白表情規則，要敏感別人的神色變化，有敏銳的觀察力。

此外，更要有修補友誼的能力。不推卸責任，多作自我反省，的確可以確保友誼永固。平靜的心境更可開拓自己靈感的空間，有助與對方協調，或找出雙贏的辦法。你身旁有沒有這類高手？

EQ 是一套「自我管理」的學問，能指出人與人相處成敗的因素，也提醒我們對自己的內心要多作研究；否則欠缺自知，必然會做出破壞感情的行為。

然而「知道」並不等於「做得到」。例如：別人冒犯了你，你能很容易原諒他嗎？你能持之有恆地每天溫習功課嗎？你與不了解你的父母仍能和平地相處嗎？

如果你的答案只是「偶然」做得到的話，那麼怎樣才可保證「講得到、做得到」？我相信這就需要有信仰作為動力才能成事！你可以花點時間去認識這個使人「能人所不能」的基督教信仰，就會有深入的體會了。

I「有 feel」新人類

真心英雄

嘩！英雄呀！

好 cool 呀！

嘩！英雄呀！

試試他是不是
真的這樣 cool！

我刮！

嘩！
原來他也
有「feel」
的！

沒有 feel 的俠客

某天，少年郭峰留意起自己的儀表來，他多麼渴望自己有型有格。

但是，他身材矮小，怎能活出男兒風采呢？

傳聞坊間有一位智慧老人，學識淵博，足智多謀，郭峰索性放下書包，追尋那位智者去了。

「智者，智者，請問怎樣才可以做一個真正的男子漢呢？」郭峰終於找到了智慧老人。老人瞧瞧眼前這個小男生，從容地說：「一是做至情至性的男兒漢；一是做不苟言笑、痛不動容的俠士。兩者都有過人之處。」

郭峰覺得自己不明白情感的事，冷傲俠客的形象教他入迷，於是他選擇了做沒有「feel」的俠客。智者讓他服下靈丹一顆，只要他稍一動情，便耳鳴不已。

離開智慧老人，郭峰進入鬧哄哄的大街，途經一間售賣模型的店鋪，竟然發現早前「斷貨」的模型飛機。「嘩！太好了！」他心跳急促，眼睛發亮，但是耳朵嗚嗚作響，提醒他收斂面容，不要有任何情感反應。

他轉入一條小巷，轉角處，一班街頭小惡霸正在毆打一個弱小男孩，拳拳狠毒。郭峰立時躲在牆角後面，兩腿發軟，雙手顫動，耳鳴再現。那男孩快要奄奄一息，可惜郭峰無力移動雙腿，救不了他。他內心戚戚然，更痛恨自己這麼無能。這刻，耳內響聲不絕，令他苦不堪言！

終於，郭峰求智者取回體內靈丹。

什麼是「有 feel」？

Feel，指感覺，二十四小時與你形影不離。攝氏五度，你手腳僵硬，這是「冷」的感覺；你指頭給車門夾着，這是「痛得要命」的感覺。

「有 feel」呢？這流行用語含糊地指一種感受。其實，感受絕不含糊，是可以察覺出來的。它可以來得快，去得快，例如：你做完功課那刻，舒一口氣，覺得很「輕鬆」。有時，籠統一點，也可用「感覺」這詞。

情緒就不同了，你不一定察覺出來，而且這種情感，可以延續幾天，甚至數月、經年。例如：你考試不及格；自此，你不願拿起書本，只願睡覺、看電視。你只以為自己懶散了，也説不出緣由，卻沒留意內心有一種恐懼考試的情緒。只要這恐懼還在，就仍會影響你的學習。情感、情緒這兩個詞語，有時可以互用。

人有感受、情緒這些情感，實在是上天造人時的精彩傑作。沒有了情感，你不知道自己愛上了誰，惹怒了誰。恰如其分的情感，叫你能夠全情的笑，讓你感受到生命有情，甚至可以幫助減壓。如果要下重要的決定，除了用理智思量，最好也誠實地正視自己的感受，這樣就能明白該走的路。

情感是一個密碼，要是你自己或是別人能解讀這個密碼，就能清楚你的愛惡、期望、需要等，從而作出回應。

情緒小錦囊　情感如何解碼？

為什麼有時你很有 feel？有時卻好像沒有 feel？

人的情感是因着人、事或處境的「刺激」，而作出反應的。不同的環境、人或事，會叫你有不同的情感反應。不過，在某些情況下，若不留意，就不會感覺到情感起了變化。譬如：爸爸多次不兑現承諾，你以為已習慣了，再沒有什麼感覺；但其實你沒察覺自己感到「完全失望」罷了。

所以，理解自己的情感反應，懂得為情感解碼，可以加深對自己或別人的認識。情感解碼的第一關，是熟悉身體發出的信息。身體的一舉一動，都可以與情感有關，與情感相通。譬如：愛犬死了，你難過得哭起來。你眼淚汪汪、愁眉深鎖的「身體語言」，就表達了你的哀傷。

解碼過兩關

第一關：熟讀身體語言

請細讀圖中人物的身體語言，說出他的感受；或從他的感受，寫下他的身體語言，繪畫出他的身體表現。

例：

身體語言：
- 血壓升高
- 心跳加速
- 高呼吶喊

感受：他覺得＿興奮＿。

身體語言：
- 臉紅耳赤
- 逃避別人目光
- 恨不得把自己藏起來

感受：她覺得＿＿＿＿＿＿

埋怨自己

咬牙切齒

渴望再來一次

他覺得＿＿＿＿＿＿＿

＿＿＿＿＿＿＿＿＿＿

＿＿＿＿＿＿＿＿＿＿

＿＿＿＿＿＿＿＿＿＿

他覺得＿＿開心＿＿。

第二關：情來自有方

無風不起浪，無緣不生情。為什麼你寢食不安？或許你爸媽正鬧分居，你感到焦慮無助。你發怒嗎？也要知道自己為什麼發怒。

這一關可叫你了解到情感各有因由。

1. 當我有 feel 時

請完成句子（可用圖畫表達）。可寫出多個因由。

我受感動，因為 ________________________________

我覺得難受，因為 ________________________________

我感到驚訝，因為 ________________________________

我感到慚愧，因為 ________________________________

2. 假如……

以下從個人、他人等多個角度追尋情感的蹤影。請寫下你認為會出現的感受（可以多過一種）。

老師在全班同學面前，稱讚我是最聰穎、最有潛質的，我會覺得 ________________________________

同學不斷關心我、安慰我，恐防我應付不來，我會覺得 ________________________________

我告訴媽媽我贏了田徑比賽冠軍，她會覺得 ________________________________

同學大聲指出老師算式錯誤，他會覺得 ________________________________

心情雋語

別害怕真情流露，
因為我們都是有情人。

II 100% 純感覺？

早知如此

咦？
哈
哈
哈哈哈哈！
哈哈哈
哈哈哈哈!!
早叫你不要
給他看！

車廂小風波

學校下課時，港鐵站內擠滿學生。這天阿珊、美美、「大眼妹」，如常一起乘港鐵回家。不過，她們看來比平日雀躍，走路也特別輕快。月台上人聲嘈雜，但仍可聽見她們調高了七八度的聲音。

在課室內坐了一整天，終於捱到放學，人自然輕鬆起來。更難得的是，今天本來有中史測驗，但 Miss Chan 竟然病倒了，要臨時取消，大家高興得大叫大嚷。「大眼妹」本來沒有好好準備，能夠逃過大難，簡直樂透了！

三人一直情緒高漲。在車廂內，她們更你推我撞。「美美，阿珊今天自己手拿着筆，還問我：『誰拿去我的筆？』真『搞笑』！哈哈！」

「哈哈！哈哈！」

車廂內的乘客投以不耐煩的目光，期望她們會安靜下來。只是三人開心得完全忘了形，毫不在意別人怎麼想。

「讀什麼書，一點禮貌也沒有！」一個中年女乘客，睨視着她們。

「喂！那女人真『惡死』,『鬧人』！」

「笑一笑也不可以！這個車廂又不是她的！」

情緒小錦囊　不要讓情緒失控

人有喜怒哀樂，有這些感受時，不多不少也會流露出來。

開心時會笑，就是做功課也格外起勁。

傷心時會哭，即使面前放了最喜歡的食物，也沒有心情吃。

無論哭或笑，都有強弱程度的分別。例如：哭，也分輕聲的「飲泣」，沒完沒了的「哭哭啼啼」，或嚎啕大哭；笑也有微笑、大笑，以至狂笑。而情感用行為來表達，也有明顯和不明顯之分。

可是情感高漲時，人就容易失控。輕則罔顧他人的感受，嚴重的，可能傷害他人或自己的身體。不少人在盛怒下，把人推倒，或拳打腳踢；也有人在情緒激動時，會把自己的手腕「㓟」傷！

其實有強烈的情感，也不一定不妥當。人家待你好，你非常感激；開心時，也可以手舞足蹈。但重要的是，不要叫情感失控，不要 100% 只顧自己的感覺。

至於表達情感的行為表現，到什麼地步才不致失控，這可以用五個方法來量度：

1. 可以正面肯定自己的需要。
2. 能顧及、尊重別人的需要。
3. 身處的羣體可接納這種表達行為，不致受排斥或被拒。
4. 不傷害自己或他人的身體。
5. 不會損毀公物。

多一點認識自己的情感，就有多一點智慧待人處事，少一點傷害自己或他人。

為情感量溫

請用溫度計測量你這星期的情感強弱反應。寫下令你有下述各種情感的人或事，並在適當溫度處畫下標記。

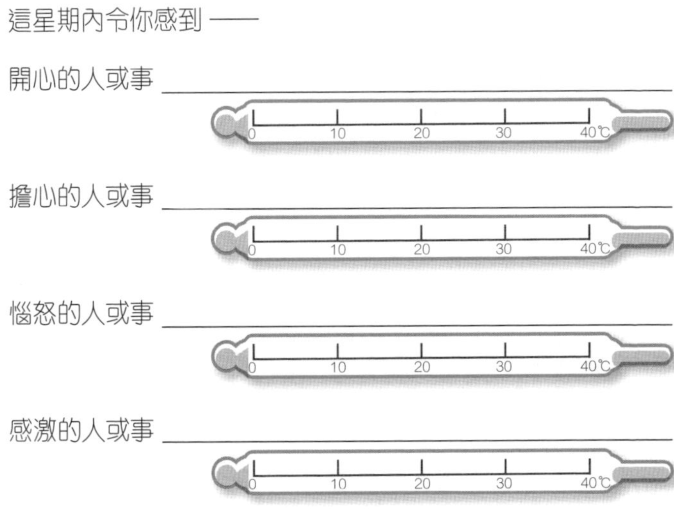

「想」出來的情緒

人有情緒是正常的，那麼，是不是也有不正常的情緒？對。但如果情緒不正常，那是因為給不正確的想法左右了。

人的情緒與實際應有的反應不配合，或表現過分強烈，或不該有這種反應，都屬於不正常的情緒。例如：阿 Ken 數學測驗拿了八十分，按理是開心的事情，他卻開心不起來。為什麼不快樂呢？原來拿不到九十分。本來開心的情緒，就給這個想法「拖垮」了。

又如好友與別的同學聊天。你不理會他也需要與不同的人交往，卻以為好友對自己不專一，因此感到十分惱怒，認為他拒絕了你。想法不當，就有了「惱怒」這種不正常的情緒。所以，不要輕看你的想法對情緒的影響。

情感探測站

你想得正確嗎？

試看看自己心中有哪些想法。請從下面選出你會認同的想法。你也可以跟一兩個老友交換看法，討論一下哪些想法會帶來什麼情緒。你們可以把不正確的想法找出來嗎？

	同意	不同意
1. 我總不及別人好。	○	○
2. 即使輸了，也可以再嘗試。	○	○
3. 他們應該對我好。	○	○
4. 我一定做得不好。	○	○
5. 什麼事情都要做到一百分。	○	○
6. 有困難不是問題，最重要是想辦法解決。	○	○
7. 不論結果如何，只要曾經努力學習就好了。	○	○

如何想得積極？

怎樣想就會有怎樣的感覺；有了怎樣的感覺又有怎樣的行為。換言之，想得正確，情緒就會正常，行為也會恰當。因此，要儘量剔除負面的想法，多往正面去想。前者令你退縮，不敢進取；後者卻叫你積極向上，永不放棄。

除三害

✗ · 跟別人比較——「我不及別人那麼好！」

✗ · 為自己說預言——「我不會成功的！」

✗ · 否定自己——「我一無是處！」

取三寶

✓ · 有盼望——「路不止一條。」

✓ · 有接納——「接納過程中有困難、有錯失。」

✓ · 有堅持——「學習、嘗試，再學習、再嘗試。」

一切從想得積極開始！

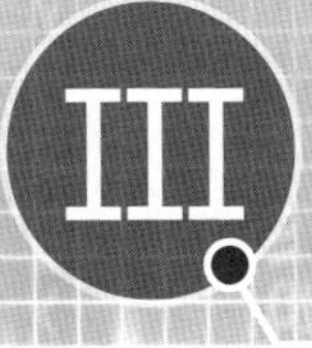

III 解讀你的**情感密碼**

1 跟悲傷說再見

霎時的思念

這對好嗎？
這麼老套，不要！

哇、哇……
?
?

不一樣的生日

自從上了中學，薇薇覺得自己每到生日，心情總有點怪怪的。當然，她會高興，但不會太興奮。她也喜歡生日禮物，別人陪她一道慶祝，她也很投入。

就像今年，未到八月十六日她的生辰，媽媽早就送她一部筆記本電腦，好友也送上跟她合照的貼紙相。本來她心情蠻好，還有興趣把貼紙相放進小記事簿裏。怎料，瞥見簿內的日曆，後天就是十八號——那是爺爺的生日。

*　　*　　*

小時候，薇薇跟爺爺嫲嫲住在內地，過年過節爸媽才從香港回來探望她。那段日子，她頂快樂，無憂無慮。爺爺常常陪她玩，帶她到溪澗捉小蝌蚪啦，到城裏看電影啦，教她認字啦…… 嫲嫲常埋怨爺爺寵壞小薇薇。薇薇和爺爺的生日很接近，所以，每年到了八月中，家中一定很熱鬧，吃的玩的都很多。

薇薇十歲那年，學校剛放暑假，爺爺急病，給送進醫院。家中各人出出入入，連父母也從香港趕回來。家人天天都往醫院去，把薇薇留給鄰居照料。薇薇多麼想到醫院去探望爺爺，但沒有人知道她這個心願。爺爺在那年的八月初去世。

爺爺不再回來，她再也看不見他的笑臉，聽不見他逗她開心的話。她心裏一直放不下這個疑問：爺爺怎麼不跟她說一聲才離開？當然，這年沒有人提起他的生日。

*　　*　　*

「薇薇，你呆着做什麼？」媽媽在房外探進頭來說：「不舒服嗎？」薇薇依稀記得爺爺也曾說過這樣的話。她的淚水奪眶而出。

「我很掛念爺爺啊！」

情緒小錦囊

失去，所以悲傷

失去摯愛的親人、心愛的事物時，是會叫人感到悲傷的。縱使薇薇在爺爺去世後，很快便到香港與父母團聚，日子過得無憂無慮，但是對爺爺的離去，她還是會感到悲傷的。

人有悲傷的情緒，是很正常的事，正如你疲倦時渴睡，飢餓時想吃，或是鼻子痕癢時會打噴嚏一樣。流露悲傷的情緒，是一種自然療法。

悲傷不僅限於至親的死亡，就如愛犬失蹤；失去派往第一志願的學校的機會；好友移民，兩地相隔；父母離婚，不能與父或母同住；或染上重疾等，你也會悲傷不已。總之，失去任何有意義的事物、關係，都會引來悲傷的情感。

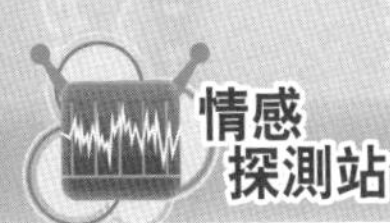

悲傷的面貌

人在悲傷時，會有以下的表現。

有哪些是你親身的體會？請在空格內用 ✓ 表示。

落淚

𠝹手

傷害自己的身體

濫用藥物

情緒低落

做事不起勁

不斷想起失去的人或事物

假裝笑臉

想已死去的親人

帶自己一起離開

後悔過去沒做過什麼或

說過什麼

四個分站的旅程

悲傷是一個過程。有時，你會停留在這種情緒好幾天，好幾個月，甚至兩三年。這視乎你失去的人、物或關係在你心中所佔的地位，也視乎你處理是否得法。不過，悲傷是會過去的。

悲傷這個過程，分以下四個階段：

1. 震驚與麻木

第一個反應是不相信，不想接受事實。接着對發生的事好像沒有感覺，思想也不清晰。例如：張宏輝知道自己不獲派第一志願，晴天霹靂，剎那間不知如何是好。

2. 否認與退縮

震驚減退，但仍未能面對現實，會努力裝作這件事沒有發生過。有不真實、空洞洞的感覺。例如：宏輝會想，這個消息不會是真的！

3. 醒悟與痛苦

承認事情確已發生，放下自我防衛機能，從麻木、否認中醒悟過來，重返現實。感到痛苦、難受，會流淚、抱怨，甚或忿怒。例如：宏輝會抱怨當初為什麼不這樣這樣填寫選校表格，機會可能大一點呢！

4. 適應

可以完全接受事實，不再回望過去或有其他奢望。可以與現實世界接觸，適應改變後的環境。例如：宏輝會到那非志願選擇的學校，了解一下那兒的環境，鼓勵自己努力，適應在該校的學習。

不過，有時這幾個階段並不順序出現，有時也會幾個階段同時發生。如果每個階段可以逐一經過，悲傷的情緒會得到治療，逐漸康復，可以與悲傷說再見。反之，試圖壓抑或否認自己有悲傷的情緒，不好好正視、處理，就不能順利過渡悲傷期，重新投入生活。

如果你經歷過親人的死亡，而家人又把這事當作禁忌，不願再提及；或親人去世已多年，家人早已忘記，自己卻未忘懷；又或者你另有傷心事，未能順利過渡，還抑壓在心頭，可參考以下的方法：

a. 把想表達的情感寫在日記簿上，或找一位可信任的家人緬懷往事，共訴情懷。
b. 給摯愛寫一封信，説出未説的話，甚至把信封好，埋藏於某處。

人生常有遺憾，最要緊的是，不要抑壓或退縮，勇敢地走畢整個悲傷的旅程，向悲傷告別，好讓自己積極地生活下去。

當悲傷情緒不受控制，或長期情緒低落，人變得憂鬱，失去希望或有自殺的傾向，這時候，便要馬上尋求家長或導師的幫助。

這樣安慰傷心人對不對？

1 當老友很傷心，哭個不停，你最能幫助他的是：

a. 跟他說：「不要哭嘛！」

b. 陪着他，讓他哭個痛快。

c. 說笑話引他發笑。

2 老友情緒低落，你馬上要他說出不開心的原因。這樣做對不對？為什麼？

3 如果有親人去世，青少年感受到的壓力，要比面對其他事故大。他們是否會不積極，較易消沉呢？

（答案在下頁）

答案：

1. b.

   老友不開心，他要宣泄這種情緒。抑壓這種悲傷的情緒，對他沒有好處。

2. 不對。老友想跟你說出原因的時候，他自然會跟你說。請給他一個空間，你只要跟他表示，你看見他不開心，很關心他，你願意隨時聆聽他的傾訴。

3. 不一定。只要他們好好正視、處理自己的悲傷，找到一個恰當的出路。在接受事實後，他們的心理反較以往更為健康。

心情雋語

悲傷時得到的安慰，

可用來安慰其他傷心的人。

2 把苦悶踢走

最佳方法

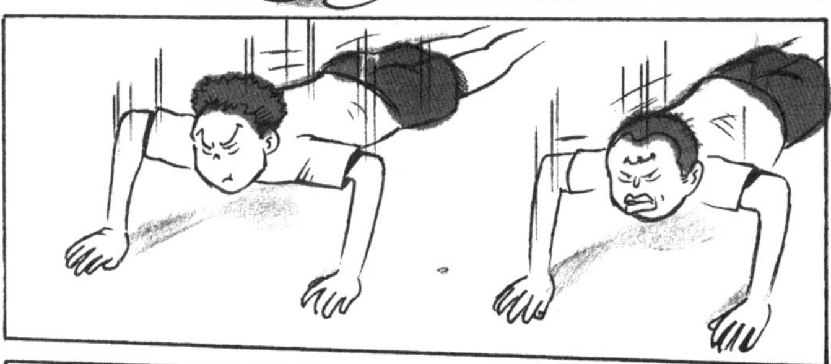

現在不悶了，
還差點累死！

雯雯的第一口煙

「喂！『起身』呀！『夠鐘』呀！」

每個清晨，雯雯睡意正濃時，總是給媽媽尖銳的叫聲吵醒。

一百個不願意起牀！雯雯索性用棉被蓋過頭再睡。到媽媽「強行」拿走棉被，她才耍蠻，鬧着脾氣起牀。

雯雯就是這樣不情不願地，開始每一天。沒有一個上學天令她雀躍。課堂上，雯雯只有發呆的份兒。老師要趕課，不停地講解，也毋須她有什麼反應。

下課後，什麼課外活動她都不感興趣。事實上，她也沒有認真嘗試過。她曾學鋼琴，是媽媽安排的；後來她埋怨太花時間，便放棄了。

「雯雯，去『仙跡岩』飲茉香珍珠！」

在學校門口，碰到 Ann 和 Joyce。反正回到家中，也是獨自一人，雯雯樂得有伴。

「昨天晚上，爸爸又跟媽媽吵起來，『煩到死』！」Ann 鎖着眉頭，不停地攪動着珍珠奶茶。

「我更『激氣』！」Joyce 瞪着雯雯說：「Paul 已經一個禮拜沒有打電話給我，又不『覆 call』。哼，我在手腕上『剘』了幾下。」接着她掏出煙包，扔在桌上。

雯雯不發一言，只覺人人都有煩惱，但又沒有什麼出路，心中很翳悶。

「要不要試一『啖』？」Joyce 遞過來一根香煙。

雯雯反正無聊，心裏又有點煩，隨手接過 Joyce 手上的香煙，吸了生平的第一口。

情緒小錦囊

噴悶氣的小魔怪

生活不一定天天精彩，總會有平淡沉悶的時候。譬如：遇上爸爸長篇大論説教；下雨天不能外出，在家又沒什麼事情可做等等，都是發放悶氣的「元兇」。

生活苦悶，不僅是一兩個小時的事，而是在生活中找不到樂趣。一切都是那麼單調、重複、沒有驚喜，又不覺得該做的事情是有意義的。

苦悶真像一隻小魔怪，散發悶氣，日夕煩擾，叫你積極不起來。

苦悶排行榜

哪些是你最難抵受的苦悶感覺？

（以 1 至 6 順序排列。「1」為最難抵受。）

第　　位

無聊

沒有意義

第　　位

心裏積壓着悶氣

覺得空虛

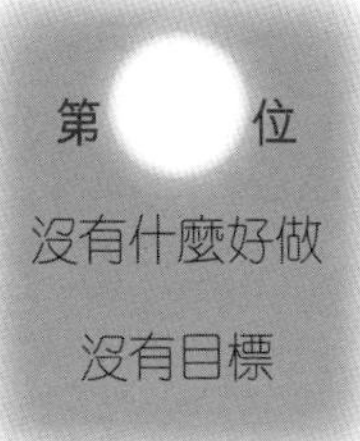

第　　位

沒有什麼好做

沒有目標

第　　位

無人理會

無人理解

第　　位

沒有出路

沒有改變的可能

第　　位

枯燥

沒有生氣

死氣沉沉

爆破「悶彈」指引

引爆炸彈，要動用「拆彈」專家。除「悶彈」，就要聽從拆悶彈專家的指示行事——拆悶彈，要 PCH。

指引 1：**P（Planning）**

Planning，即計劃。計劃你的每一天，活得充實，不讓悶氣有藏身的空間。

如何計劃？

1. **運用多元觸覺，製造生活情趣**：懂得享受生活的人，會眼明、耳靈、心開放。讓自己接觸多方面的事物，不斷有新發現。你可以做：
    - 小收藏家——蒐集郵票、火柴盒、貝殼、樹葉、明信片、奇石等，與同道交換心得，甚至一同組織學會。
    - 小藝術家——畫畫、唱歌、玩樂器、編織毛衣、做手工藝等，既可娛己，又可花點心思製成禮物送人。說不定造就了你的謀生技能。

- 小研究家——把舊時鐘、舊錄音機、舊電筒拆開來細心研究，你有什麼發現？
- 小發明家——利用廢物製造小玩意，自娛送人隨你意思，更可為環保出一分力。
- 眼睛旅行家——看不同讀物，如科幻、武俠小説、散文、傳記等，擴闊視野，增廣見識。

2. **舒筋骨，醒醒腦筋**：溫習或做家課過久，容易疲累，腦筋遲鈍，情緒低落，宜走到戶外，呼吸一下新鮮空氣，讓手腳舒展活動。
    - 除了逛商場，還可以到公園、山徑、郊外走走。讓自己有足夠的活動量，能夠出一身汗就最好不過。
    - 簡單的運動如健身操、掌上壓、跳繩、跑步，也是好的。

3. **定下容易達到的目標**：即短期內可以完成的目標。
    - 參加短期課程，如游泳、繪畫、網頁設計、乒乓球、

DJ、急救訓練班等。

- 定下學科成績攀升計劃。譬如上次你的英文作文只有四十分，你可以朝攀升五分前進，即下次拿到四十五分。這樣比期望下次拿到七十分要輕鬆得多呢！

計劃生活要按個人興趣、能力來安排，並要均衡分配時間，不要同時安排三個以上的活動或目標，否則反倒成為壓力呢！

指引 2：C（Creativity）

Creativity，即訓練自己活得有創意。人人都有創作的能力，創意愈多，生活愈見姿采，苦悶自然溜走。

- 創意可以是大膽假設。為什麼背書一定要把文字唸得四平八穩？可以配上歌曲來背誦嗎？
- 也可這樣訓練自己的創意：作文章時，要自己限時完成。人急智生，看看迫出什麼新意？

- 設計幾條回家的路線，不時轉換一下，讓自己多些驚喜。
- 不時更換書桌的擺設，替房間裝飾一下，包管你覺得生活充滿新意。

指引 3：**H（Humour）**

Humour，即幽默感。人有幽默感，會化解很多窘境。有幽默感的人，就是個子不高，也不煩惱。他可以自嘲自己有彈性，睡牀大小毋須規定。幽默感幫助你對困境有全新的看法，對自己更寬容。

苦悶知多少？

1 香港有幾多成中學生感到生活苦悶？

2 試說出香港中學生五大解悶的方法。

3 青少年視什麼為苦悶的「頭號殺手」？

（答案在本頁）

答案：

1. 七成半。
2. 依次是與朋友傾談、聽音樂、看電視、睡覺、「打機」。
3. 無事可做。

（資料來源：中華基督教青年會與香港理工大學進行的「青少年厭悶研究調查報告」的問卷調查，1999/3-9）

生活精彩，計劃得來。

3 向焦慮出招

想得太遠

20 分
ERNEST

還是在這裏比較舒服。

考試驚魂

阿良打從小學五六年級起，已飽受考試集訓之苦。

剛升上中四，阿良猛然驚覺戰鼓再起。老師不斷在耳邊督促：

「不要以為時間還多，轉眼間中學便完啦！」

「上一兩屆的畢業生，有好幾個狀元。你們的成績相差太遠！」

「拿到七八十分算什麼，參加公開考試，隨時給其他學校的學生比下去！」

老師頻頻「報憂不報喜」，弄得課堂的氣氛緊張，阿良更是心情凝重。

阿良一向學業成績不俗，是班中的優異生，同學對他很是羨慕。阿良卻不快樂，他經常懷疑自己的成績。他有不少假設，譬如：「自己高分，是老師改卷寬鬆」、「總有人勝過自己」、「不知什麼時候成績會退步」等，他常在恐懼中生活。

阿良不僅擔心自己的學業，還疑慮同學們根本不接納他。他認為自己的人際關係差勁，既不善於表達，又沒有運動細胞，至少同學暢談英格蘭超級足球聯賽、NBA、溫布頓網球賽時，他插不上嘴。

中期考試將近，他計劃完成各科 project 便着手溫習，但較預期遲了兩天。他心裏很是惶恐，怪責自己做 project 時不夠快；於是，當他開始溫習時，心跳加速、手心出汗，總是不能集中精神。阿良心裏叫苦：這樣的日子還多呢！

情緒小錦囊

三合一的焦慮

每天你難免會碰到令自己憂慮的事情，或擔心派發成績表，或害怕橫行霸道的人；又或者第一次上台朗誦，手腳不期然顫抖，表現緊張。

不過，當你常常往壞處想（例如，想到自己總會遇上不幸，或總是被人排擠），而不能自制的話，這就是憂慮了。

如果你每時每刻都感到害怕、不安，令你或難於入睡，或着意逃避某人等，這便是恐懼了！

要是同時有憂慮、恐懼和緊張的情況出現，那便要警覺，這是焦慮的信號。

焦慮包含了多種不愉快的情緒。從字面來看，是焦急、焦躁，加上憂慮和疑慮。

青少年在成長階段，角色經歷轉變。你不再是依附爸媽的小孩子，要開始獨立處理自己的事情，承擔個人的責任。譬如，課本和作業要自己整理；功課上的困難，父母不一定可以幫忙。大人有時把你看作大人，要你承擔更多責任；可是，有時又會覺得你未長大，不放心你獨力處理問題，多方制約。這多方面的轉變，可能會造成衝突、壓力。

這時你也開始走出父母的保護傘，在外結交朋友。但因為與人溝通的技巧還未成熟，與人相處或許有不愉快或受傷的經驗，受到挫敗的壓力。

也有小學成績優異的，升上中學後，或因課程艱深了，或因同學之間競爭大了，老師期望高了，一時適應不來，成績下降，造成很大的壓力。

青少年受到這種種的壓力，很容易產生焦慮。如果能多了解焦慮的特徵和處理方法，便不易受焦慮所困。

焦慮的特寫

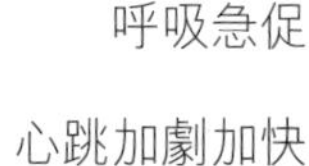

呼吸急促

心跳加劇加快

難以入睡

失眠

腹瀉或嘔吐

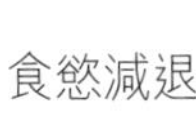

頭暈

瀕臨昏迷

顫抖

出冷汗

如果持續出現以上數種現象，以致影響你的學業、睡眠，或情緒受到困擾，那就要尋求專業人士的幫助了。

你是不是過度焦慮呢？

請回答以下問題，並將答案填寫在空格內。

	是	不是
1. 你總是難以集中注意力，心不在焉。	○	○
2. 你常突然感到莫名其妙的恐懼。	○	○
3. 你常感到緊張、煩躁。	○	○
4. 你害怕發生可怕的事情。	○	○
5. 你總是疑慮身體有疾病或自己面臨死亡。	○	○
6. 你總是自覺不如別人。	○	○
7. 你總感到心臟急速跳動，焦躁不安。	○	○
8. 你害怕遭人批評或否定。	○	○
9. 你總感到胸部疼痛，胸口拉緊，有壓迫感。	○	○
10. 你經常腹瀉或有嘔吐的感覺。	○	○
11. 你經常難以安睡或失眠。	○	○
12. 你有出冷汗或虛汗的現象。	○	○
13. 你經常感到頭暈、氣悶、窒息、呼吸困難。	○	○
14. 你常覺得「尿急」、尿頻。	○	○

15. 你感到周圍的事物不真實，起了疑心。 ○ ○

計分方法與分析

答「是」得 1 分，「不是」得 0 分。各題得分相加，得到總分。

0- 3 分

你處於正常的情緒狀態，適度的焦慮對你的學習是有利的。

4-9 分

有時你會產生一些焦慮，但未到完全失控的狀態。

10-15 分

你有神經過敏性的焦慮，這會影響你的學習和解決問題的能力，甚至損害你的自信心。找人傾訴或找導師幫助，對你十分要緊。

正常的焦慮在生活中是必要的，不可缺少的。有了對當前遭遇的擔心、害怕、焦慮不安，我們才能提高警覺，以致懂得避重就輕，趨吉避凶，使事情向好的方向發展。例如：期終試來到，考試叫你感到焦慮，你會拿起書本，開夜車啃書。要是你不懂憂慮，還不想到急起直追，那麼，明年同一班級再見！

但是，長期處於焦慮狀態，會叫人身心過度疲累，造成身體的不適、損害，如心臟、消化系統功能出現毛病，常常失眠頭暈等。此外，因為常常處於警覺狀態，會導致注意力難以集中，記憶力下降，更會降低我們學習的能力，也削弱應付生活壓力的能力。

因此，我們要學習克服過度的焦慮。

跟焦慮過招

第一式：先求心安

- 覺得身體不適，可請教醫生，不讓自己受到身體問題困擾。

第二式：認清焦慮的形勢

- 看清楚自己，這種焦慮是正常的還是反應過敏。不要為正常的焦慮大驚小怪，增加自己的焦慮。事實上，不健康的焦慮，也無法推動我們做好該做的事。

第三式：發出「黃牌」，中止負面思想

- 手頭常預備多種「黃牌」，如「等一等」、「唔係一定嚟！」、「先搞清楚」等，來對抗焦慮。
- 不做「檢控官」，中止這樣對自己的控訴：「我總是做不好」、「我一定睡不好」、「我知道一定做不完功課」、「一定沒有人會邀請我」、「我總覺得自己不足」。

第四式：學習自說自話法

- 練習跟自己正面對話。
- 對自己說：「沒有人是十全十美的」、「一直憂慮下去，對我沒有什麼幫助，行動最實際」、「情況雖然惡劣，事情始終會過去」、「算啦！我已做了可以做的」、「最壞也不過如此而已」。

第五式：做一下 one more, two more, free more —— 鬆鬆肌肉

- 把注意力集中在頭部。將前額肌肉盡力緊皺起來，然後放鬆，讓肌肉慢慢紓緩下來。
- 再皺起眉頭。注意整個前額的綳緊狀態，然後放鬆，讓眉毛鬆弛下來。
- 跟着閉起眼睛。閉緊，注意它們有多緊張，然後放鬆。讓眼睛仍然閉着，但保持輕鬆狀態。

- 緊閉雙唇，上下兩排牙齒緊咬。注意下顎的繃緊狀態，再放鬆，感覺鬆弛和繃緊狀態那種明顯的對比。

第六式：清楚自己的能力

- 認識自己，肯定自己的能力，就會把自己的期望調校到適當的水平。

第七式：操練定力祕功法

- 把不切實際的期望和要求分辨出來，並拒於門外，「一定」、「總是」、「必須」、「必然」這些字眼，統統去掉。這功夫不容易操練，因為那些期望或要求，可能來自你的師長或父母。倘若功力不足，不要勉強，可尋求旁人的客觀意見。
- 如果父母或師長的期望過高，你又清楚自己的能力不及，只要你能堅守立場，可以跟他們說聲「對不起，無能為力」。

第八式：尋找壓力根源，正面拆招

- 功課上的壓力，可學習讀書記憶法，編製合情合理的時間表和分優先次序的工作計劃。了解學習不同科目的竅門。
- 人際上的壓力，可閱讀有關的書籍，掌握處理人際衝突的技巧。
- 來自家庭的壓力，可找出什麼説話、什麼態度、什麼行為、什麼環境，較易與家人溝通，或讓家人明白你的需要。

焦慮，其實是生活的一部分。如果不想被焦慮所困，就要作好心理準備。當焦慮來到，不妨跟它打個招呼，勇敢、積極地正視它，再跟它過招。這樣，一旦學業、人際關係，或家庭出現壓力，產生焦慮，也能及時控制，把它化解。

焦慮知多少？

1 青少年大多為了什麼焦慮？

a. 友情

b. 學業

c. 家庭

d. 健康

2 較容易受到焦慮困擾的，是男人還是女人？

（答案在本頁）

答案：

1. b. 學業。

2. 女人。

心情雋語

不要為明天憂慮，

一天的難處一天擔當就夠了。

4 撲熄忿怒的火種

怒火消防隊

準備！
噴水！
OK.
Help！

大鬧實驗室

大衛在家中排行第二，上有大哥，下有小妹。因為處於這個「不利」位置，他既沒有發號施令的份兒，還要聽大哥的。他更指揮不了小妹，因為「孻女孻心肝」嘛！

大衛的家是個「駁火」家族，家人一開腔就是唇槍舌劍。

「你點做野㗎？將個書包放喺枱上！」大衛怒瞪着小妹。

「我係咁㗎啦！唔抵得就唔好睇！」小妹馬上還擊。

「嘈嘈嘈！你哋喺度嘈乜嘢？點解唔讓吓個妹！」這當然是媽媽出面維護了。

大衛經常對妹妹的驕橫看不順眼，妹妹自然也不把他放在眼內。「死大胃王，諸事八卦！」妹妹知道大衛最討厭這個稱號，因為有損他的形象，但還是要氣他一氣。

大衛馬上如火燒一般，他緊握拳頭，咬牙切齒，眼中似要噴出怒火。

第二天，上生物課時，老師要分組做實驗。同學迅速地找夥伴入組，只有大衛沒有人理會，因為同學視他為「衝動一派」，沒有人敢接近他。

「王大衛，這一組只有四個人，你加入這組吧！」

馬上有人抗議：「陳 Sir，那一組也是四個人，你叫他入那組吧！」

大衛的呼吸開始急促，全身的肌肉繃得很緊，心中的火氣快要衝上腦袋。

那邊又有同學反對：「明明是陳 Sir 叫他加入你那組的！」

這時大衛已經按捺不住，使勁用手一揮，把實驗桌上的儀器，都掃到地上，一時哐啷聲起；他又起腳猛地踢倒身旁的椅子，嚇得附近的同學，爭相走避。

其他人都目瞪口呆，不知如何是好。

情緒小錦囊

爆炸性的忿怒

忿怒，是一種強烈的情緒。人發怒是正常的；十來歲的青少年，特別容易發怒。青少年期身體迅速發育，分泌的激素和荷爾蒙，叫青少年在身體和生理上都起了很大的變化。這些變化，一面須要適應，一面也帶來不安、不穩定的情況，情緒的波動幅度也大。因此，有時與家人吵罵幾句，也可以氣得猛地把門關上，把物件扔在桌上。這樣發脾氣，還是可以理解的。

可是，忿怒這種情緒，可以極具爆炸性。如果怒氣即時得不到處理，這種怒氣會給壓抑，如壓縮入罐的氣體；再被惹怒時，可能會一觸即發，具有如氣體爆炸般的威力。如果無法控制，就會出現叫罵、砸東西，甚至打人，用利器傷人等破壞性行為。

人發怒，當然有他的理由，但如何表達、發泄，至為重要，這是成長階段必須學習的事。

六種怒氣火藥引子

怒氣需要火藥引來點燃，才會一觸即發。以下六種情況，最易觸發我們的怒氣：

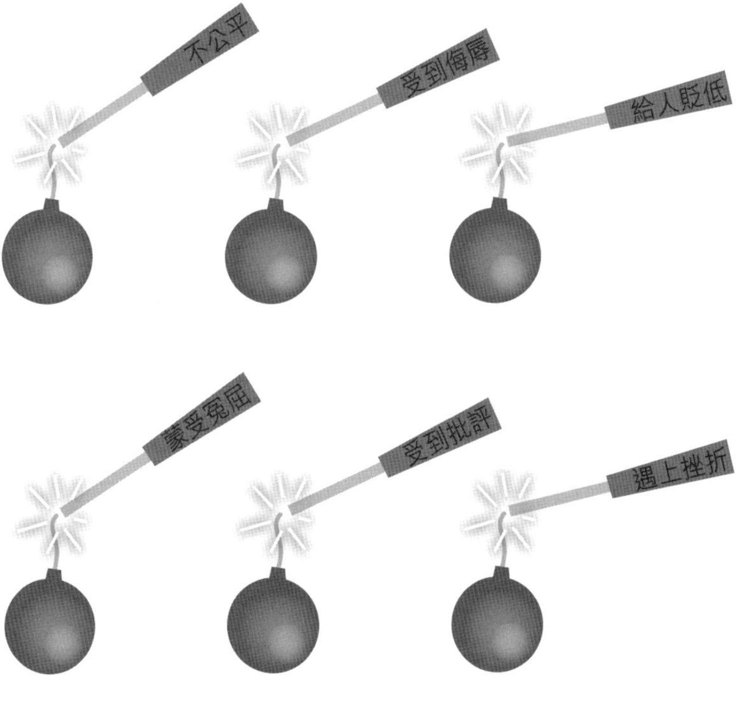

不公平
受到侮辱
給人貶低
蒙受冤屈
受到批評
遇上挫折

忿怒的起因，主要是人覺得自己受到威脅，不僅是外在受到威脅，還有尊嚴也受到威脅。

發怒時的「惡形惡相」

說話急促

音調提高

聲音嘶啞

呼吸急促

出冷汗

手心發冷

發抖

有窒息感覺

磨牙

咬嘴唇

臉頰發熱

肌肉繃緊

心跳加速

胃部痙攣

人怒氣發作，身體就處於緊張、作戰狀態。如果長期處於極度忿怒狀態，不單影響身體健康，人也會變得很衝動，甚至失控，容易做出令自己事後懊悔的事。所以，我們要對忿怒的徵狀敏感，使發怒的過程延緩下來，讓自己有足夠的時間、空間處理。

你容易發怒嗎？

1. 你的發怒事件簿

把發怒的過程記下，提高自己對發怒的警覺性。請用4W1H，記下近期至少五次發怒的事件經過。

W

When	日期	
Where	地點	
Who	有誰在場？	
What	有哪些說話或行為激怒了你？	

H

How 你怎樣回應？

- ◯ 擲東西？拍打物件？
- ◯ 做出傷害自己/傷害他人的行為？
- ◯ 靜默？置之不理？
- ◯ 給自己冷靜空間？

請在適當的◯內，填上✓，替這次的發怒事件評級。

你的忿怒級數

＊請照樣把其餘的四次記下及分級。

2. 你的怒氣分析圖

請在圖表上用曲線表示五次的忿怒級數。

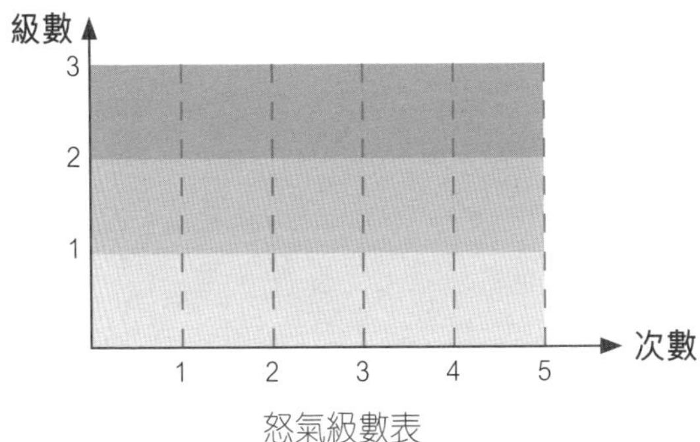

怒氣級數表

請細心思考，然後填寫；並在適當的空格內，加上 ✓。

誰常常激怒你？

____

有什麼說話，常常激怒你？

____

這些說話，令你想起什麼？

____

在盛怒之下，你說了什麼？做了什麼？

____

（提提你：在盛怒之下所說的話、所做的事，往往具有極大的殺傷力，容易令事情惡化）

你通常表達忿怒的方法：

- □ 壓抑
- □ 失控（如叫罵、打人、傷人）
- □ 用言語表達不滿

如何替怒氣降溫？

先要清楚自己在什麼情況下最易發怒，也要對自己發怒時的「徵狀」敏感。平日多練習「降溫法」，日子有功，自然降溫輕鬆。臨急抱佛腳，在盛怒下才使用這法子，較難奏效。

忿怒降溫法

1. 內外按摩，讓身體的緊張狀態放鬆。
   深呼吸，慢慢呼氣，一呼一吸，重複練習十次。
   怒氣發作時，可在心中開始倒數：十、九、八……
2. 自我降火，創作一些解咒語，在忿怒時可以自我對話。
   「冷靜點！」、「『嬲』也無補於事！」、「只是對方沒見識！」、「為什麼要讓他控制自己的情緒？」、「『錫住』自己，無謂『激氣』！」
3. 自我思想翻新，改變「怒氣輸入法」。
   頁80「心情故事」中提及的大衛，每次人家叫他作「大胃王」，他就想到對方一定是譏笑他「大食」，踐踏他的個

人形象，難怪馬上怒火攻心。如果他有幽默感，想到「食得」是福，這福氣不錯，他就不會扯到負面的形象上去。再者，妹妹氣上心頭才這樣稱呼他，不過是她當時情緒不佳罷了。這是她表達情緒的方法，與他的個人形象完全沾不上邊。如果大衛改變他的想法，感覺就不一樣了！

就是有人拒絕你，這不等於一組人拒絕你，也不等於另一組人也會拒絕你；整班都拒絕你，更不等於將來沒有人接納你。凡事看得積極，是降低怒氣的竅門。

4. 感到忿怒，不一定要把怒氣發作出來。在這裏，感覺與行為是可以分開處理的。怒氣降溫的關鍵，是在怒氣發作前，先降低它的溫度，到怒氣稍息或平息，才去好好處理整件事。
5. 盛怒時，應該給自己「暫停」的空間，離開令你發怒的現場，讓自己的情緒紓緩下來，待平靜後，才返回現場解決問題。

如何處理怒氣的來源？

怒氣降了溫，並不等於真正解決了問題。處理怒氣的來源，才最重要。你可以細心想想自己的怒氣，是不是受了以下因素的影響？

一、忿怒之源

1. 期望過高
   - 目標實現不到時，自然有挫敗感，繼而動怒。例如：期望好友無論什麼時候都要陪伴自己，他做不到的時候，就向他發怒。
2. 把假設當作事實
   - 對別人惹你發怒的行為，有自己一套解釋的方法。其實，這只是有待查證的假設，你卻相信這是證據確鑿的事實。這樣不但引起忿怒，還會加深忿怒的程度。例如：同學不給你電話，你就以為是他不喜歡你。你獨自在生氣，而且愈想愈氣，卻不去求證。

3. 含糊概略化
   - 點燃怒氣的藥引子，多是簡短、含糊而概略的想法。例如：「我恨你」、「人都是不值得信賴的」（男的，女的，同學，父母，老師，社工都是嗎？），實際上，是恨對方的某種行為，或是某人令他不信任。
4. 誇大渲染
   - 在盛怒下，通常會把事情的嚴重性誇大。例如：好友不陪伴自己吃一次午餐，就等於他拒絕跟自己交往。

二、處理的方法

找出了忿怒的根源，就可按步處理。

1. 重新觀察，找出有哪些事實或看法，是過分渲染了。
2. 試從對方的角度、處境來看，多方面了解別人，替人設想。
3. 調校一下你的期望，叫自己寬容一點。
4. 學習饒恕。忿怒背後受傷的感覺，會成為記憶。這種記憶會使人一直處於忿怒狀態。要破解這種記憶力量，只有饒恕。自己犯了錯，也想別人原諒、接納；別人犯錯時，怎能不去原諒、接納他呢？

三、消除忿怒火種之六重攻略：

A. 對那可傷人 / 傷己的忿怒**說「不」**。

B. 對點燃怒氣的說話和想法作**多角度思考**。

C. 實踐「怒氣降溫」，**先想想而後行**。

D. 學習**明確表達自己**而不是以攻擊他人使別人屈服。

E. 以**開放態度**接納別人的回應，不去執著自己的想法。

F. 學習**放手**，讓時間淡忘不快的事情。

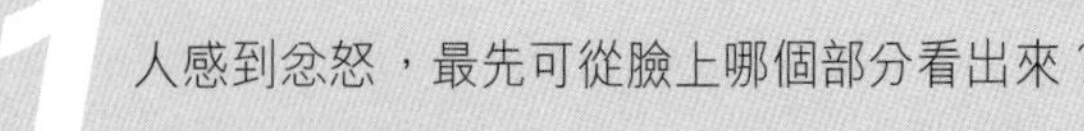

忿怒知多少？

1 人感到忿怒，最先可從臉上哪個部分看出來？

2 以下幾種忿怒降溫法，有哪兩項是被認定不奏效的？

a. 看書

b. 購物

c. 看電影

d. 吃東西

（答案在下頁）

答案：

1. 嘴唇變窄。這是艾保羅（Paul Ekman，1978）研究臉部表情密碼系統所得。
2. b 和 d。購物與吃東西，兩者都未能分散人的負面思想。

心情雋語

不輕易動怒的，十分聰明；

輕易動怒的，大顯愚妄。

5 不要吝惜你的憐憫

救救災民

Miss 早晨。

阿 May 行動

農曆新年前，學校安排了一項社會服務活動，就是為獨居長者的家居大掃除。

中三的雯雯有意參加。「阿 May，你也來吧！」

阿 May 是雯雯的契妹，性格內向，不大合羣，班上沒有幾個同學跟她談得來。

雯雯幾番游說，終於說服阿 May 參加。

當日中三的同學一組，到獨居長者家中，替他們洗地、抹窗、打掃房間，十分忙碌。不過，他們愈做愈起勁，服務的時間過了，他們還在努力替一個老人家的大門鐵閘髹漆。

老婆婆不停地說，「謝謝你們這班年輕人！你們真有老人家的心！」她緊握着阿 May 的手，眼中充滿感激之情，「你們實在太好了！」她還打開牀邊的抽屜，拿出一個餅罐，把她珍藏的餅乾分給同學吃。

「我們只是替她髹漆、打掃一下，婆婆就感動不已了！」

「想不到我可以替那位老伯修理好風扇。夏天他就不用怕熱啦！」

同學們七嘴八舌，好像有說不完的體驗。阿 May 更是雀躍，她從未試過這樣舒暢；她還是頭一次感到與同學很親近，以前的隔膜不再存在了。

情緒小錦囊 請你同行的憐憫

同情心是你看到別人有困難時，你為他們難過，願意伸出援手。

當你看見病人痛苦呻吟，失明人在街頭賣唱行乞，甚至弱小的同學受到欺負，你覺得他們很可憐，對他們起了同情心。

表達關懷時，其實不單是給予，也是與對方同在一起，彼此享受人間的溫情。這就是憐憫。憐憫，跟同情心略有分別。不是可憐有困難的人，而是與他們走在一起；透過關懷，人與人之間的關係更親密。正如阿 May 幫助老婆婆清潔家居；而老婆婆的真情，又感動了阿 May，令她覺得人間有情，更能欣賞自己和同學服務的熱忱。

憐憫是快樂的泉源。

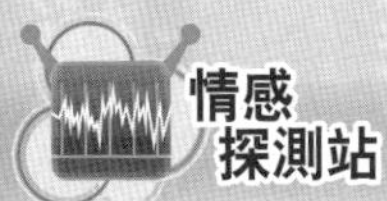

你有憐憫人的心腸嗎？

請在下列問題中，選出你的答案。(要以你即時的反應為準，不用細想。)

1. 電視新聞正在報道一幢大廈失火，有人還困在火場裏。你會——

   a. 繼續玩 ICQ。

   b. 稍停下來，看看事情怎樣發展下去。

   c. 留心事態發展，期望火場內的人獲救。

2. 你對埃塞俄比亞的饑民有什麼看法？

   a. 覺得他們受很多苦，心裏很難受。

   b. 造物主真不公平，各地糧食分配不平均。

   c. 沒有什麼想法，很少理會世界大事。

3. 同學遇到數學難題，向你求教。你會——

   a. 把自己的數學簿借給他抄。

   b. 巧妙地拒絕他：「Paul 的數學更好，你問他吧！」

   c. 按自己的能力教他。

4. 老師徵求服務傷殘人士的義工，服務日那天正是你與同學定期踢足球的日子。你會——

   a. 毫不考慮，還是踢足球去！

   b. 毫不考慮，當義工去！

   c. 經過掙扎，還是選擇踢足球去。

   d. 經過掙扎，決定當義工去。

5. 你怎樣安排時間？

   a. 用大部分時間溫習，做功課。

   b. 用部分時間溫習，做功課;餘下時間用來培養興趣或玩樂。

   c. 有溫習，做功課，培養興趣和玩樂；也有做義工或幫助有需要的人。

   d. 大部分時間都用來培養興趣和玩樂。

6. 同學或朋友在你面前哭泣，你會說什麼？

   a.「不要哭吧。」

   b.「那事情令你很傷心呢！」

   c.「你為什麼總愛哭？」

   d.「你為什麼不告訴我發生了什麼事情？」

7. 同學或朋友告訴你，精神緊張，要服精神藥物，你會怎樣回應？

   a.「死啦，你有精神病！」

   b.「早叫你看開一點啦，搞到吃藥『幾無謂』！」

   c.「藥物可以紓緩你緊張的情緒，也是好的。」

   d.「當心。你會倚賴了藥物。」

8. 同學或朋友被人中傷，很不開心，一連數天都跟你傾訴。你的感受是——

   a. 很煩。

   b. 很悶。

   c. 覺得他受到很大的傷害。

   d. 自己很無助。

9. 同學或朋友的家庭有很多問題：爸爸嗜賭，媽媽患重病。你的感受是——

   a. 那是人間大悲劇。

   b. 他太可憐。

   c. 雖然難處這麼多，慶幸同學仍有機會上學。

10. 一個年輕人無辜被人從地鐵月台推下去，給列車輾斷了一條腿，你會怎樣看？

    a. 他的前途無望。

    b. 如果他失掉了雙腿，就更難生活了。

    c. 他現在比死還痛苦。

計分方法與分析

如果你的答案順序是，1c、2a、3c、4b、5c、6b、7c、8c、9c、10b，你是一個易生憐憫心的人。你的感情、言語和行動，都顯示出來。

第 1、2、4、5 題選擇 c、a、b、c 表示你看重別人的需要，寧願放下一點私事，也去關心周遭有需要的人。

第 3 題選擇 c，表示你真正能回應別人的需要，給予適切的幫助，而非敷衍過去。

第 6、7、8 題顯示你表達憐恤的態度。如果你選擇 b、c、c，可見你是從對方的角度，來感受他的處境，然後給予回應。你沒有用自己的想法來批評或分析。因為不是人人都對精神藥物有正確的認識，你在第 7 題的回應，不但叫對方明白你接受他，消除了他的擔心，而且更能為對方服藥賦予意義，因為這樣可使他的健康得到幫助。

第 9、10 兩題，選擇 c 與 b，顯示了在憐恤中也要心存盼望。無論處境有多困難，也看見生機和意義。這種積極思想，可以靠操練培養得來。如果你能幫助受助者在劣境中看到盼望，他會有更大的動力前進。

情緒小錦囊

如何表達憐憫？

1. 先用心聆聽

- 陪伴他們，耐心、安靜地聽他們傾訴。切忌説：哭也沒用，很多人遠比你淒慘，不要自尋煩惱。
- 明白他們的需要。可以直接問他們：「你需要怎樣的幫助？」

2. 給予合宜的安慰

- 可以輕拍他們的肩膀，説鼓勵的話或送上心意卡：「努力吧！明天會是新的一天。」

3. 也讓他們明白你的限制

- 承認自己的限制，不是什麼事情也可以幫忙。
- 有需要時，幫他們尋求其他援助。

這是出於憐憫嗎？

1 同學有心事，你是不是應該不上學、不回家，日日夜夜陪伴着他？

2 路上有乞丐纏着你，求你施捨。你回頭一望，後面還有更多。只要你掏錢，他們便會擁上來。你會不會施捨？

3 在路上，有不認識的機構，或路人向你募捐或求助，你會怎樣反應？

有憐憫心腸的人是有福的，

因為他得到的，比付出的更多。

6 齊來説聲「多謝」

靜悄悄的生日

媽咪：
無言感激

無言感激
媽咪：
生日快樂！

聖誕小天使

陳媽媽多年來承擔監管「森仔」讀書之責，對陳媽媽來說，這是一件苦差。

每天下班，無論多疲累，她也要查閱森仔的作業，考問書本，講解數學難題；但森仔總不跟她合作，經常拖拖拉拉的，令陳媽媽很氣惱。

為了做功課和溫習的問題，陳媽媽和森仔的關係惡化。森仔總是鼓着腮，眼神充滿敵意；陳媽媽就面黑黑，語氣盡是厭煩。

「你有冇『搞錯』！做幾條數學題，要用上個多鐘頭？明天英文要默書，你讀熟了沒有？你說什麼？還沒有？現在是什麼時候呀？十點啦！你老是這樣子，搞到大家『冇得瞓』！」

陳媽媽很惱怒的時候，便不想再理他，但始終沒法做到。她很擔心森仔的成績。

聖誕節假期間，一家人把陳爸爸剛買回來的家庭圖板遊戲，拿出來玩。

「森仔，輪到你了，說出一件感激的事情！」

「媽媽教我做功課。」森仔衝口而出。

陳媽媽想不到森仔會感激她，內心甜絲絲的，感到很欣慰，心中的積怨一下子消失了。眼前的兒子，就像是聖誕老人送給她的小天使呢！

情緒小錦囊 「說不出」的感激

當別人善待你，你會心存感激，這是正常反應。然而，感激卻是我們很容易遺忘的情感。我們忽略它的存在，原因是：

- 認為那是理所當然的。
- 被其他情感，譬如：怒氣、埋怨、敵意蓋過了，弄得看不清對方的原意，甚至否定他的好意。好像森仔與媽媽衝突，言語和態度都令對方不好受，即使有感激的感覺也難於表達。
- 認為表達謝意挺尷尬，還是隱藏在心裏算了！

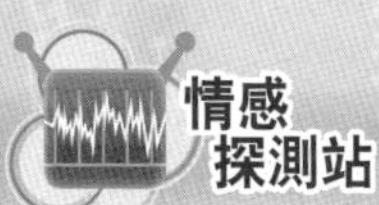

人家表示感激，你會怎樣反應？

請用「勝利手勢」——「V」——表示這是你的反應。

心甜、舒暢

開心、欣慰

輕快、感動

平息怒氣

寬恕對方

化解衝突

得到肯定

覺得被接納

在羣體中，感到

溫暖、安全

繼續做別人喜歡

的事情

感到世界是美麗的

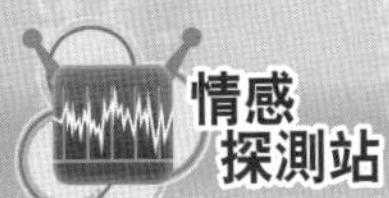

無言感激

感激事，一籮筐

- 一句鼓勵的話
- 一次熱誠的接待
- 一個關懷的眼神
- 一份小禮物
- 不斷的教導
- 耐心的聆聽
- 坦誠的提醒
- 無條件的接納

回想最近或過去的經歷，有哪些説話或事情，令你產生感激之情呢？把它們列出來，並與朋友交流分享。

令我感激的話：________________________________

____

____

令我感激的事情：______________________________

____

____

情緒小錦囊　如何表達感激？

1. 簡單直接，真誠地說：「謝謝你！」
2. 具體地說出感激的原因。例如：「你這番話令我積極起來」、「有你陪伴，減少了我的恐懼」、「你的禮物令我有意外驚喜」。
3. 送上心意卡，親自繪畫更是情深。
4. 炮製對方喜愛的食物。
5. 憑歌寄意，把握機會播出有意思的歌曲；親自演繹，自然更感人。
6. 送上小禮品，如小星星摺紙等。
7. 做對方喜歡的事。

我們不但要學習欣賞別人的好意，還要學懂怎樣表達自己的感激。這樣你就愈發能體會人世間的情意，珍惜身邊的人；你也會更喜歡自己，生活格外愉快。

這可是你感激的事？

1 這是不是你感激的事情？

a. 你被人欺負，校外或校內的大阿哥、大家姐，堅持為你出頭，狠狠揍對方一頓。

b. 你與家人發生衝突，好朋友很替你不值，並附和你的想法，支持你離家出走。

c. 當你情緒低落，甚至有自殺念頭，死黨在一邊附和，決意與你一道尋死。

2 感激為什麼是雙贏？

感激的心，

叫人能互相欣賞。

7 做個信心強人

深藏不露

Shu——

唏！

喝！

厲害……

漫畫迷「轉型」記

「強仔」，中二生，身高一米六四，學業成績差勁。上中史課，他就看漫畫；上數學課，就在書本上塗塗畫畫。放學後，便與一羣差不多比他矮半個頭的同學，浩浩蕩蕩闖進商場的網吧，做他的大阿哥。

但這個大阿哥竟然不敢上台領獎！原來他填了一份公民常識問卷，贏得一份獎品。強仔心中嘀咕：我得獎其實是因為其他同學亂填亂寫。別人放棄了，才有他的份兒。現在要他在眾目睽睽下上台領獎，他才不去！

想不到一個代課老師，扭轉了強仔對自己的看法。這位代課老師非常欣賞他的漫畫，在同學面前稱讚他：「很有水準啊！『畀心機』呀！」

那一刻強仔心裏湧流着一股熱流，眼前彷彿出現一道曙光。

往後，有不少同學向他請教畫漫畫的竅門。後來他還當了漫畫興趣班的小老師。

當日畏縮不敢上台的強仔，現在昂然挺立，有板有眼地指導同學如何下筆，語氣隱約有一份權威呢！

情緒小錦囊 搜索信心大行動

人有信心，就能肯定自己的價值。既有勇氣挑戰自我，也按實力定下目標。有堅持的決心，確信自己做得到，把能力盡情發揮。

有信心，就看見世界是寬廣的，可以走的路多着呢！

那麼，我們是怎樣失去自信的呢？

譬如父母、老師不斷強調成績的重要，但自己的表現始終不如理想，就會覺得不如人。長輩期望過高，達不到他們的要求，也令你錯覺自己什麼也不行。

或者因身形過高過矮、過胖過瘦；或者因性格過於內向或活躍，一直不被家人或朋輩接納，也可叫人失去自信。

人對自己沒有信心時，易於猜疑。像上文的強仔，就算獲獎，也認為是沒有價值的玩意。信心不足，也會過於敏感。別人不經意的話，也覺得是蓄意譏笑。最可惜的是，失去自信會叫人容易放棄，認為再努力也不過如此。

幸好信心雖然可以失去，也可以展開搜索行動，把它找回來，甚至可以把信心提升、增強呢！

信心先生競選

第 1 號

有決心，不易放棄

不畏懼，敢去冒險、嘗試

第 2 號

不高估，也不低估自己

對自己十分接納

第 3 號

感到滿意、滿足

凡事都往好處看

第 4 號

信任人

會表達欣賞

與人合作愉快

會表達自己的想法和需要

評選團意見：

四位候選人的表現，

難分高低。

經評選團退席商議，

最後決定——

四位一起當選「信心先生」！

你是個有信心的人嗎？

請細閱以下句子，再選出你的答案。

	是	不是
1. 你覺得在眾人面前說話，是很困難的。	○	○
2. 如果可以的話，你想多方面改變自己。	○	○
3. 沒有什麼事情能令你開開心心地把它辦妥。	○	○
4. 你與同齡的人相處不來。	○	○
5. 父母對你期望太高。	○	○
6. 與別人合作時，他們通常不聽你的話。	○	○
7. 你很難下決定。	○	○
8. 你在家裏常常感到心煩。	○	○
9. 你不願意接觸或學習新事物。	○	○
10. 你常常作出讓步。	○	○
11. 你常常覺得學習很煩，沒有意思。	○	○
12. 你不像其他人那樣討人喜歡。	○	○
13. 你常常對自己所做的事情感到失望。	○	○
14. 你不認為自己是重要的。	○	○
15. 你覺得家人不理解你。	○	○

計分方法與分析

答「是」得 0 分，答「不是」得 1 分。將各題得分相加，算出總分。

12-15 分

你信心較強，但有時也會覺得自己不足，這是可接受的。人人都有他的限制。

9-11 分

你的信心一般。

0-8 分

你的信心不足，做事總是畏首畏尾。

如何增加自信？

如果信心一般或不足，可以補救嗎？

當然可以。你可以透過學習，不斷操練來增強自信。多認識自己、好好掌握對應生活的技巧，人便會有更多的信心。信心是一間銀行，可以把信心日積月累地儲存起來。積蓄愈豐厚，自信也愈強。

1. 平日自強法

- 清楚自己的長、短處。每發現一個短處，就要多發掘一個長處。
- 把別人對你的讚賞具體地寫下來。
- 把自己辦妥的事記下來。
- 定下較短期的目標，逐步前進。從每一小步的成功經驗中，累積信心。
- 為自己的形象下工夫。保持儀容清潔、整齊；待人態度親切誠懇；不斷吸收知識常識；把握機會，發揮個人才華。

2. 困境自救法

- 即使環境多惡劣，仍要鼓勵自己去面對。
- 積極找尋解決的方法。
- 多讀勵志故事，加強自己的鬥志。
- 在逆境中，也不忘逗自己開心。例如：花半天時間外出遊玩，讓自己輕鬆一下。
- 失敗後，要對自己説：再來一次。承認失敗的事實，卻不要輸掉心理。其實，每次失敗都至少給你一個成功貼士。
- 再戰江湖前，問自己：我欠缺了哪些知識、技巧？怎樣爭取這些知識，操練這些技巧？然後，主動搜集有關的資料或訪尋名師。

這是不是信心？

1 少豪考了四次會考，成績都不理想。他仍然報考，堅信自己有成功的一天。

2 海灘已經掛起鯊魚旗，但一班愛游「早水」的泳客仍然下水。他們相信自己的泳術，也相信自己不會碰上鯊魚。

3 綁匪首領自信才智過人，每次都施施然往取贖款，實行向警方挑戰。

信心生信心，循環不息。

ROUND 1

點解仲係咁唔開心？

你跟我來！

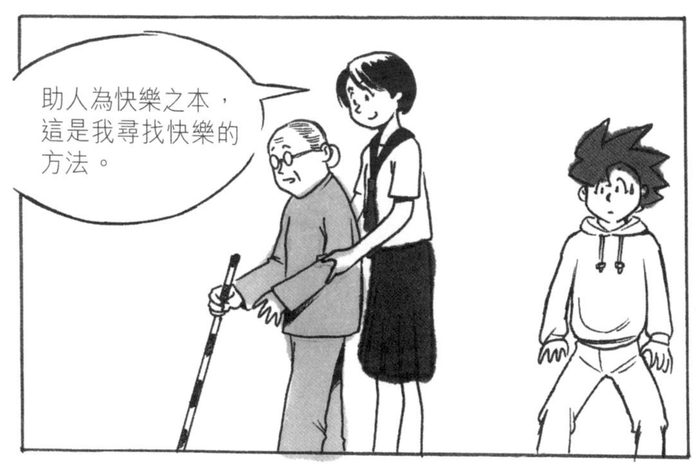
助人為快樂之本，
這是我尋找快樂的
方法。

三個願望

Henry 有三個願望：第一，開心；第二，開心；第三，也是開心。所以，他爭取任何玩的機會。上課時，他老是逗同學説話，無法專心聽課；下課後，一定打籃球，「過足癮」才回家；回到家裏，總會玩 online game，學校功課自然草草了事。他認為「總要好玩」就是快樂之源。

升上中三，因為要面對下學年的校內派位，他再不能像以前一樣，玩得盡情、痛快。他上課留心了，花在功課和溫習的時間也多了。上學期的考試，他的總平均分有六十點七分，比起前次的成績進步了，約有九分之多。Henry 明白這是自己努力得來的成果，他從心底笑出來。這種快樂，跟玩耍嬉戲時的大笑大嚷，略有分別，多了一份滿足和希望。

原來，快樂不但叫人覺得「好玩」、開心，沒有憂愁、沒有煩惱，而且還有滿足、充滿希望的感覺。這種滿足可以來自成就感。成就感是指有能力完成某些事情，並且得到人接納和肯定。如果只用玩樂來消除煩惱，也許暫時會開心，但卻不是完全擁有快樂。

情緒小錦囊　為什麼需要快樂？

這問題真「白癡」？哪有人不需要快樂？

不。這問題問得好。如果不認識快樂的好處，我們就不會花心思、花時間去尋找快樂！

快樂的時候，會——

「常常笑，笑到合不攏嘴。」

「做事特別起勁和用心。」

所以，快樂是天然護膚品，滋潤皮膚。快樂帶出陽光的笑容，讓你的臉上充滿光采。

快樂是靈丹妙藥，消除身體百病，因為身心舒暢會令疾病遠離。

快樂也增加你的魅力。開朗的人，叫人感到親切，樂於接近。

快樂更是發電機，推動你有最好的表現。有最好的表現，就有更多的成功經驗。有更多的成功經驗嘛，你就得着更多的快樂。

你是個快樂的人嗎？

你要知道自己有多快樂或不快樂，請細閱下面的句子，並在空格內填寫你的答案。稍有否定的想法，也請選填「不是」。

	是	不是
1. 你喜歡凡事從壞處去想。	○	○
2. 你不滿意自己的樣貌外形，不覺得有哪個部分好看。即使有，也不過是人有我有。	○	○
3. 你容易找到自己的弱點，卻找不到自己有什麼強項。即使有，也不值一提。	○	○
4. 你很難投入任何羣體，覺得別人不接受自己。	○	○
5. 同學不怎麼溫習，卻輕易取得好成績，你心有不忿。	○	○
6. 你按着能力定下計劃，並會實行出來。	○	○
7. 你會透過觀察別人對你的反應，發現自己的好處。你也留意到別人的好處，並加以欣賞。	○	○
8. 你會選擇參加不同的興趣班，例如：游泳班、寫作班。	○	○
9. 你堅拒加入新的羣體，也不作新嘗試。	○	○

	是	不是
10. 在車廂內，遇上長者或孕婦，你會主動讓座。	○	○
11. 你會參加社會服務，例如：當義工。	○	○
12. 你很少做運動（一星期也沒有一次）。	○	○
13. 你會培養一些嗜好或興趣。	○	○
14. 你沒有知己朋友，也不會讓人知道你真正的感受。	○	○
15. 你會表達自己的需要、想法和感受。	○	○

計分方法與分析

各題答案：

- 1-5、9、12、14：「不是」；
- 6-8、10、11、13、15：「是」。

要是你的選擇與答案相同，每題可得 1 分。

如果你得的總分有 12-15 分，即表示你很快樂；

有 10-11 分，表示你快樂；要是總分在 7-9 間，即表示你的表現一般；0-6 分，就更不及了。

快樂的人為什麼會快樂？

把上述的題目內容分析一下，你會明白為什麼有些人容易快樂，有些人快樂不起來。

1- 4 題

不接受自己的人，會對自己的弱點過分自覺、擔心，不易快樂起來。

5-6 題

負責任的人，少埋怨，並有計劃達到目標。成功經驗增加，自然會快樂。

7 題

快樂的人會學習發掘自己和別人的好處。

8-9 題

快樂的人會有信心和勇氣，離開自己的安全地帶，即熟悉的圈子，來探索新事物和發掘自己的潛質。

10-11 題

快樂的人會有表達愛心的行動，同時亦從愛別人的行動中得着快樂。

12-13 題

快樂的人懂得令自己鬆弛，不讓自己壓力太大。

14-15 題

快樂的人懂得與人溝通。

如何找到快樂？

1. 想得積極

- 每個早上刷牙洗臉時，對着鏡子説：「我是獨一無二的！」或「沒有人可以代替我！」
- 一天完畢，寫下一兩件你當天做的好事，或列出已完成的工作。例如：「上數學課時，我留心聽書」、「我做了四樣功課」、「我準備了中文默書」。
- 選一些勵志的語句，貼在房間當眼處，或索性背誦下來，常常複述來鼓勵自己。

2. 活得有色彩

- 每週開始，定下一兩個小計劃或目標。例如：「不管心情如何，本週至少背下十個英文生字」、「整理好各科筆記」或是「主動向一兩個同學打招呼」。
- 在周遭發掘一兩件美麗的事物。例如：動聽的歌曲、有趣的圖畫、可愛的小動物，以至花卉、樹木、老師的衣着等。捕捉周圍環境的動感、色彩，多欣賞這世界的美麗。

- 透過報章、電視新聞、雜誌、互聯網，或從街頭、學校、家中的見聞，着意找出一些好人好事。把這些動人的小故事，放進腦袋裏。
- 為慣常的學習生活增添情趣。例如：在寒冬溫習的日子，為自己調一杯熱飲。夏日炎炎嘛，有一杯冰凍的飲品，做功課也特別起勁。
- 不管怎樣，每天都要吃得好，睡得好。動動手、動動腳，令自己出一身汗更佳。

3. 闖出新天地

- 參加一些短期活動，一來可以發掘自己的興趣，二來也可認識不同圈子的人，結交更多朋友。如果這個興趣合心意，便可細心地加以培養。
- 翻閱社會團體的宣傳刊物，留意學校的推介，看看有什麼展覽、講座、課程等可以參加，擴闊自己的眼界。

4. 打破困局

- 如果發覺自己陷於困局，找不着解決的方法，那便要承認自己的不足，接受自己現在遇上困難。
- 你要看看身邊實際有誰可以幫助你，這包括家人、老師、同學、社會服務機構。只要你肯開口，一定會找到出路。

誰也想日子過得開心，那麼，首先就要學懂接受自己，也要曉得怎樣應付困難。快樂時，就盡情享受快樂。如果為了逃避困難，而用煙、酒、「丸仔」，或狂歡來自我麻醉，那麼即使當時感到很「激」，但興奮過後，一定會更加不快樂，更加頹廢。

真正的快樂是持久的，也會叫我們正視現實，推動我們努力向上。

什麼是「真」快樂？

1 像香港巨富李嘉誠一樣，擁有天文數字的家財？

2 像諾貝爾和平獎得主德蘭修女一樣，一生與貧苦大眾一起，關心他們、安慰他們、幫助他們？

3 像香港會考的狀元，有出色的學業成績？

4 抑或只是做回自己，盡全力好好地完成每一項工作？

快樂是一種選擇。

要下定決心，選擇快樂，

才會得到快樂。

IV 有耳有口的情緒

1 情緒請你聆聽

面具怪客

…多謝。

我的貓仔病死了…

心愛的寵物死了，
真傷心。

多謝你，
大隻廣。

憑表情測分數？

測驗週結束，又是各科派測驗卷的日子。各個同學心情有別，有人胸有成竹，有人膽戰心驚。當老師進入課室時，大家都不期然地把目光投在老師的臉上，想憑老師的表情來預測測驗分數的高低。

這天中三乙的第一課是數學科。

李 Sir 手拿着一疊試卷步入課室。

「Good morning, Sir.」

「Good morning, class.」

李 Sir 看來不對勁。

「這次的數學測驗，」李 Sir 開腔了，他語調低沉，「全班的成績普遍都——」

眾同學都屏息靜氣，聽來都是不利消息居多了！

「進步了！」這時，李 Sir 才展露笑容。

「噓——！噓——！」

大家都被李 Sir 捉弄了，不禁噓聲四起。

情緒小錦囊

如何能情感互通？

1. 留心言行不一致

你與人交往，不僅是從對方的話接收信息，你也會留意對方的面部表情、語氣或其他身體語言，以便理解他的信息。有人跟你說他的開心事，你看到他一面講，一面眉開眼笑，甚至手舞足蹈，你便知道他有多開心了。不過，有時對方說的話，和他流露出來的表情、語氣等未必是一致的。正如學生成績有進步，李 Sir 應該表現輕鬆愉快，卻因要跟學生開玩笑，便佯裝起來。所以，不要被對方的不一致誤導了，以致接收不到正確的信息。這時，耳朵和眼睛都起了極重要的作用。

2. 了解情感的信息

想想，在生活上，有多少時候你總覺得別人不明白自己，不了解自己開心還是不開心；有時你想表達好意，卻反被誤解，着實叫你感到泄氣！那麼，要讓別人了解自己這刻的感受，或自己了解對方的情緒，是不是很困難呢？這可不然。只要你掌握到以下的祕訣，便能幫助你溝通。

原來人與人溝通，會按着與對方的關係，不時向他傳遞個人的「情感信息」。就是簡單的一句話，也可以「內容豐富」。譬如：媽媽經常督促你：做功課呀！溫習呀！

其實，她想讓你知道三個信息；

a. 她想說什麼。在這裏她想表達對你的關懷，提醒你做功課、溫習要緊。

b. 她想表達自己，讓你知道她是一個好媽媽。

c. 她也想讓你知道，她這樣做的動機。她想告訴你，她願意用最細心的方式來照顧你。

如果媽媽督促你做功課時，語調親切、平和、和顏悅色，你就容易感受到母親關心你，她是一個好母親。不過，要是她語氣緊張，帶着斥責、強迫就範的口吻，加上臉色陰沉，情況就有別了。你大抵只注意到她的行為表達，可能第一個反應是有點抗拒，卻接收不到她關心的信息，因而也感受不到母親的關懷了！

現在，相信你已能掌握到説什麼和怎樣説的重要性，也相信日後人家向你傳達他的「情感信息」，你不但會留心他的行為表達，也能正確地接收到他説話的信息，甚至不會給他的不一致誤導了。

父母有這種不一致的表現，大多是由於他們的父母，也是用這種方式表達，他們學習了，也沿用了而不自覺。你現在有了這種認識，自然能體諒他們了。

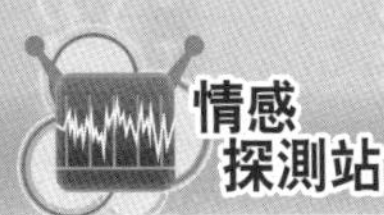

搞搞新劇場

試看看以下的情感表達是否一致。如果溝通的對象改變了，他們表達的方式是否也有分別？

Project 合夥人

林森與「大隻廣」合作做一份地理科 project。大家曾協議，大隻廣負責寫分析部分，而林森就負責繪圖。

快到交 project 的期限，大隻廣遲遲還未做他的分析，林森追問他什麼時候完成，他總推說：遲兩天吧！林森臉上毫無表情，心中卻非常生氣，在心裏說：怎麼還要遲兩天？但他害怕把心中的不高興直接表達出來，他怕失去這個朋友。

結果，林森獨自完成分析和繪圖兩部分。

劇評小方塊

1. 林森是否大隻廣的好同學？ ____________

2. 同學不負責任，林森有什麼感覺？

____

3. 林森如何表達他的感受？他的表情和行動是怎樣的？

____

____

4. 如果大隻廣是林森的弟弟，你想他會怎樣表達？

____

____

5. 如果大隻廣是林森的老師，老師失職，林森會怎樣表達？

____

____

6. 如果你是林森，同學不負責任，你會怎樣回應？

____

____

誰來分享我的成功？

小琳上學期成績不理想，下學期她發憤圖強，上課留心聽書，有不明白的地方就發問，也勤力溫習。這星期派發數學測驗卷，她竟然拿到六十分！升上中二後，這是她頭一次數學測驗及格。小琳當然高興萬分。下課後，回到家中，一踏進家裏，小琳看到媽媽一臉不悅。她責怪說：「放了學，還不早點回家溫習！成績這麼差，還不努力趕上！」

小琳本來嘴角帶着一點笑意，也即時收斂起來。她覺得媽媽常常拿她的錯來作話柄，也不去了解她作出的努力。

所以，她沒有告訴媽媽這次數學測驗的成績。她更賭氣不在媽媽面前溫習功課。

劇評小方塊

1. 小琳有沒有信心，相信自己的成績會進步？____________

2. 小琳成績進步，她有什麼感覺？

____

3. 小琳如何表達？

____

____

____

4. 如果小琳媽媽不先來責怪小琳，小琳會否告訴媽媽她的測驗成績？又流露出她成績進步的快樂？

____

____

____

5. 如果小琳這次取得八十分以上，你想她會不會告訴媽媽她成績進步了？

____

____

6. 如果你是小琳，你會怎樣回應媽媽？

____

____

____

情感表達不一致有種種原因，其中可能是對方想令你有意外驚喜，故意把真實的感受隱藏起來。或者是對方害怕被你拒絕，或是你們互相信任不夠，導致傳達出含糊的情感信息。人與人之間如果能清楚地傳遞情感信息，這樣就能彼此真正明白對方，減少誤解的情況。

你接收到什麼信息？

看看以下的人物傳出什麼信息？

1 老師：「你們還不認真地上課，兩個月後就要大考了。」

表達的情感：________________

表達的動機：________________

2 同學：「你只顧跟其他同學傾談，沒有理睬我！」

表達的情感：________________

表達的動機：________________

3 媽媽：「你怎可以吃這麼少的菜！看你，腸胃就是不通暢。你總是不聽！」

表達的情感：________________

表達的動機：________________

4 媽媽：「你晚了回來，卻不先給我電話，害我到處找你！」

表達的情感：＿＿＿＿＿＿＿＿＿＿＿＿＿＿＿＿

表達的動機：＿＿＿＿＿＿＿＿＿＿＿＿＿＿＿＿

5 老師：「已經給你多次機會，你還是遲到。你根本沒有好好珍惜自己！」

表達的情感：＿＿＿＿＿＿＿＿＿＿＿＿＿＿＿＿

表達的動機：＿＿＿＿＿＿＿＿＿＿＿＿＿＿＿＿

如果能多了解對方的情感表達和動機，那麼，就是對方的表達方式不恰當，你也能分辨出他的好意。這樣就會對人有多一點的接納、多一分的體諒。即使對方的語氣和表情不是那麼令你舒服，你也可以有合理的情感回應，是回應他的好意，卻不受他的表達方式左右或操控了你的心情。

2 情緒請你說話

情緒機械人

真厲害！

咦！怎麼他的
表情這麼怪？

…我…放了個屁…

發仔的「三笑」

「發仔」是爸媽的寶貝，受寵愛、受保護不在話下。爸媽為他安排一切，包括一日三餐、衣服鞋襪、娛樂運動等。發仔只要做好每天的功課，就什麼也不用理會。

發仔媽想到香港一般的學校都功課繁重，課程緊張，擔心會對發仔的身心造成不良影響，於是安排他轉往一所國際學校。校長接見那天，平日凡事由爸媽發言的發仔，當然需要爸媽相伴。

「你喜歡哪一個科目？」校長問發仔。

「哈哈！數學。」

「有沒有參加一些興趣班？」

「哈哈！沒有。」

「噓！發仔，不要笑，正經一點。」發仔媽輕聲提點。

「你為什麼想轉校？」

「哈哈！學校太多功課。」

發仔無法控制自己，他實在太緊張了，只能以笑來讓自己不那麼緊張。

情緒小錦囊 讓情緒說話

你可發覺有些情緒是不容易表達出來的？特別是令你不舒暢的情緒，例如緊張、忿怒，因為不容易或不懂得表達，以致有不合宜的表現。就如發仔，他平日習慣由父母代為發言，這次要他單獨「上陣」，又要面對一個陌生人、陌生的環境，他如何不感到緊張？既然感到緊張，又要在這種場合控制這種情緒，發仔不懂得處理的時候，就只能「怪笑」了。

那麼，如何處理眾多令人感到不暢快的情緒呢？在這裏，我們以忿怒這情緒為例，讓你明白如何讓情緒「說出來」。

忿怒最需要學習如何表達，因為忿怒是強烈的情緒，處理不妥善，或壓抑、或發泄，都可以傷己傷人。如果能一方面流露自己忿怒的情緒，而又不致傷害別人，那就可以做自己情緒的主人了。

如何表達忿怒？

表達怒氣也有層次：

1. 說出不喜歡什麼和自己的感受。

2. 說出不喜歡的原因。

3. 說出喜歡對方怎樣做。

如果有人私自搜索你的書包，你會怎樣回應？

你可以說：我想你知道，你搜我的書包，我接受不來，也很不高興（說出了你不喜歡什麼和你的感受）。我覺得你不尊重我。你沒有理會我的私隱（說出了不喜歡的原因）。以後，請你先徵求我的同意，才可以看我的東西（說出了喜歡對方怎樣做）。

當然你表達自己不高興時，也要知道自己不喜歡什麼和需要些什麼，才可以告訴對方。有時來到某一個實在的處境，你才察覺到自己也說不出喜歡什麼，需要什麼。這時，就該認真地想想了，也好藉這個機會，來加深對自己的認識。

發怒有理

請在以下的一些情景，寫下你的回應。

情景

你的回應

有人在你背後，踢你的椅子，令你坐得不舒服——

老師當着全班同學，把你的習作簿扔在桌上——

媽媽在叔叔面前，數算你怎樣懶散，以致成績下降——

你排隊上公共汽車，有人不排隊，還沒禮貌地推開你，在你前面插隊——

弟弟把你心愛的手提遊戲機弄壞了——

你信任的好朋友，竟然把你的祕密告訴了別人——

情緒小錦囊

謝謝你的同感

在情緒表達上，另一方面需要學習的，便是了解對方的感受，並表示理解。這是一種表達同感的技巧。

同感的意思，是嘗試站在對方的位置，來理解他的感受。因為他的性格有別於你的；他的能力、愛惡也是跟你不同，所以他在那種處境下，就有那種反應。

表達同感的步驟：

1. 放下假設、判斷、分析，只要靜靜地聆聽對方的話。
2. 無論身體姿勢、眼神，都是集中在對方身上。
3. 把你聆聽到的感受說出來，例如:「我覺得你——很激氣。」
4. 把你聆聽到的事件和感受，撮要地說出來:「同學沒有徵求你的同意，把你的習作簿借了給別人，令你很氣惱。」
5. 最後才尋求解決問題的方法。但不一定人人都需要解決的方法。有時對方只要你明白便已足夠。所以對於別人的需要，也要細心聆聽。不要把你解決問題的方法，強行加在對方身上。

互動特區

你也可以善解人意

在以下一些情景，寫下你對事情的理解和你的感受。

1 阿 May 的弟弟塗污她的手冊，阿 May 大聲罵他，還搶走剛才送給他的玩具。弟弟放聲大哭。媽媽沒有查問原因，便斥責阿 May 把弟弟弄哭了！

因為 __________ 令你覺得 ____________________

2 阿良已經花了很多時間預備測驗，結果還是不及格。阿良很是難過。

因為 __________ 令你覺得 ____________________

3 阿心一直喜歡的男同學，竟然另有意中人，她心裏很不好受。

因為 __________ 令你覺得 ____________________

4 偉仔很想加入籃球校隊，但不獲取錄，他非常失望。

因為 ________ 令你覺得 ____________________

5 老師冤枉東東把椅子弄壞了，還要罰他抄寫，東東很生氣。

因為 ________ 令你覺得 ____________________

與別人溝通、交往，如果能掌握到表達同感的技巧，你就能贏取更多的友誼，也拉近了人與人之間的距離。

與人在情緒上溝通，需要你不斷學習聆聽和回應。這不是短暫的學習，而是一生的操練。人生最大的享受，莫如別人樂意聽我傾吐心事。

附錄：傳情達意小辭典

用法：當你想表達自己某種情感，卻找不到適當的字眼，請參考〈傳情達意小辭典〉。當中蒐集的口語、書面語，相信有助你更順暢地跟別人分享自己的情感。

情感類別	情感用語	
	口語	書面語
忿怒	有啲嬲、谷氣、唔順氣、真係激氣、好燹、火滾、激到生蝦咁跳	生氣、動氣、真氣人、發脾氣、發怒、氣呼呼的（生氣時呼吸急促）、氣憤、忿怒、怒氣沖沖、暴跳如雷
歡喜	好 high、好激、笑到肚痛	愉快、很舒暢、好開心、樂透了、樂壞了
悲哀	心噏、眼濕濕、大喊、喊餐飽、喊苦喊屈	淚汪汪、痛哭、哭到死去活來、哭到呼天搶地、傷心、難過、悲傷、哀傷、哀慟
疲倦	有啲瘡、瘡到死、冇厘神氣	疲倦、疲乏、很累、累死了、無精打采、精疲力盡

妒忌	唔抵得、呷醋、打瀉醋埕	嫉妒、酸溜溜、醋雨酸風
失意	衰咗、喎咗、乜嘢都冇、估計唔倒、撞板	失望、失意、挫敗、挫折、碰壁、完蛋、落空、損失、失去、什麼也沒有了、大失所望、始料不及
畏懼	驚驚哋、嚇死人、嚇到標冷汗、嚇我一驚、驚青	受驚、吃驚、恐懼、恐怕、恐怖、心寒、心慌、嚇到說不出話來、膽戰心驚、心有餘悸
憂愁	冇 mood、冇心機、閉翳、苦瓜乾、苦口苦面	擔心、發愁、憂愁、煩悶、鬱悶、憂鬱、憂心忡忡、愁眉苦臉、愁雲慘霧、愁眉不展
感到壓力很大	頂唔順、迫死人、迫到抖唔到氣	壓力、壓迫、喘不過氣來

結語：做個快活有情人

這年頭，人人都講 feel。如果你對感受、情緒有多一點認識，也能分辨不同的情緒，那麼你講 feel，一定更有 feel。當然，這不是最重要的。重要的是，當你對自己和別人的情緒，加深了認識，也曉得如何表達、處理，那麼你就更能了解自己和別人，與人交往，自然真誠和睦，贏得更多友誼。

深入認識自己的情緒，又懂得好好處理，也能改善你生活、做人的態度。人更積極、有自信、學習起勁、容易滿足，心情更開朗、快活。

還有，看這個世界、人生，當然更美麗、更有情了。

結語

延伸閱讀

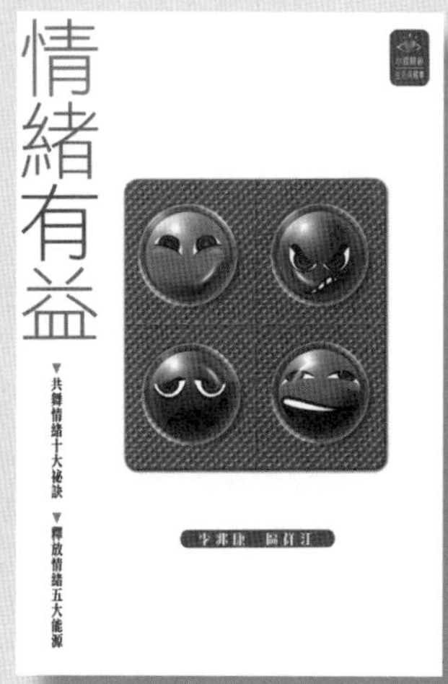

情緒有益

作者：李兆康、區祥江

情緒的英文〝Emotion〞可以拆開為 E-motion，

即〝Energy in motion〞。

換言之，情緒即是能量。

這份能量既能載舟，亦能覆舟。

若能夠把情緒的正面功能融入生活中，生命就更豐盛。

本書就是要幫助讀者如何掌握**共舞情緒十大祕訣**和**釋放情緒五大能源**。

快樂成長秘笈

作者：陳潔貞、張儉成

要做個健康快樂的人，得先從**認識自己**開始。

來！閱讀本書，認真地做文章後的活動，

你會發現，**尋求自我**的過程既刺激又興奮，

多姿多采，充滿希望。

願你找到快樂成長秘笈，無悔青春。

感謝您選了這本書，閱讀以後，
您有沒有一些啟發，一些感想？我們期望您的聲音。
請登上 **www.btproduct.com/book**，
在「讀者回應卡」頁面內填寫。謝謝。

飛翔專號系列最新書目

成長自助

書名	版次	作者
爸媽和我搞對抗	初版1刷	陳淑娟
踢走絆腳石	初版1刷	溫小平
見習美少女	初版1刷	溫小平
拾五拾六FAQ —— 懂性篇	初版1刷	Q師傅
第一次得一次！	初版2刷	黃嘉儀
有話好說 —— 青少年溝通學堂	初版2刷	李錦洪
理財的階梯	2版1刷	龐愛蘭
假如爸媽不再相愛	初版1刷	何玉燕
快樂成長祕笈	3版2刷	陳潔貞、張儉成
愛情偵測站	3版1刷	黃麗燕等
愛情Teen書	初版1刷	趙慧雲、陳之虎、黃勁輝
哪怕入錯行 —— 十個工作的青年	初版1刷	陳美珠
青春戰士自助手冊	初版4刷	何玉燕、陳梁頌玲
交友一百招	初版4刷	葉斌